ELIZABETH COLE

Ich bin stärker als die Angst

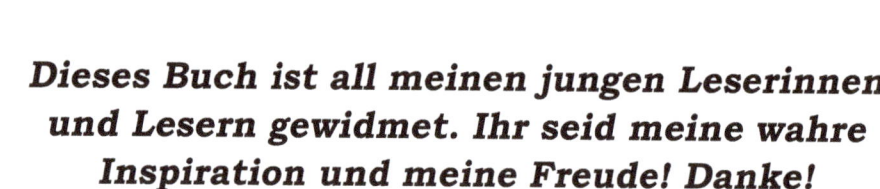

Dieses Buch ist all meinen jungen Leserinnen und Lesern gewidmet. Ihr seid meine wahre Inspiration und meine Freude! Danke!

Copyright 2022 von Elizabeth Cole – Alle Rechte vorbehalten.
Alle Rechte vorbehalten.

Kein Teil dieser Publikation oder der darin enthaltenen Informationen darf ohne vorherige schriftliche Genehmigung des Copyright-Inhabers zitiert oder in irgendeiner Form, z. B. durch Drucken, Scannen, Fotokopieren oder auf andere Weise, reproduziert werden.

Haftungsausschluss und Nutzungsbedingungen:
Es wurden alle Anstrengungen unternommen, um sicherzustellen, dass die Informationen in diesem Buch richtig und vollständig sind, jedoch übernehmen der Autor und der Herausgeber aufgrund der sich schnell ändernden Natur von Wissenschaft, Forschung, bekannten und unbekannten Fakten und des Internets keine Garantie für die Richtigkeit der Informationen, Texte und Grafiken, die in diesem Buch enthalten sind.

Der Autor und der Herausgeber übernehmen keine Verantwortung für Fehler, Ausgelassenes oder gegenteilige Interpretationen der hierin enthaltenen Inhalte.
Dieses Buch wird ausschließlich zu Motivations- und Informationszwecken präsentiert.

Dieses Buch gehört

....

....

Am sonnigen Wochenende fasste Papa den Plan,
mit seinem Sohn Niklas zum Campen zu fahren.
Niklas freute sich, mit Papa im Urlaub zu sein.
Aber dann fielen ihm all seine Sorgen ein.

Wie soll ich ohne meine Kuscheltiere schlafen?
Wie soll ich das bei lautem Donner nur schaffen?
Was, wenn sich ein Monster im Baum versteckt?
Oder mich eine Biene sticht, die sich erschreckt?

Niklas' Mund war trocken, seine Hände schweißnass.
Ihm war nach Weinen zumute, nicht mehr nach Spaß.
Er wusste plötzlich nicht mehr aus noch ein.
Er war jetzt ängstlich und fühlte sich klein.

Auf der Fahrt in die Berge sagte Niklas kein Wort.
Als Papa das Zelt aufbaute, erforschte er den Ort.
Niklas wanderte umher, doch seine Angst blieb.
Da sah er den Waschbären, der etwas schrieb.

Niklas fragte: „Hallo, was schreibst denn Du?"
Der Waschbär schrieb weiter und sagte dazu:
„Ich habe am Waldrand ein neues Heim.
Ohne neue Freunde wär´ ich dort allein.

Nun schreibe ich meine Sorgen auf dieses Papier,
dann werfe ich es weg und lasse sie hinter mir."
Niklas nahm einen Zettel und tat es ihm gleich.
Er schrieb rasend schnell und es fiel ihm leicht.

Sie warfen die Zettel gemeinsam fort.
„Jetzt geht's mir gleich besser an diesem Ort!"

**Niklas dankte dem Waschbären und ging weiter voran.
Da hörte er, wie beim großen Stein jemand sang.
Es war ein großer Elch mit einem lustigen Geweih.
„Schönes Lied!", sagte Niklas und lächelte dabei.**

Der Elch sagte: „Ich bin nervös vor meinem Fußballspiel. Ein Termin beim Zahnarzt gibt mir das gleiche Gefühl.

Also singe ich immer, wenn ich nervös werde.
Dann fühle ich mich wie der stärkste Elch der Erde."

Niklas lernte das Lied vom Elch und sang mit.
Und dann liefen sie singend mit federndem Schritt:

„Sorgen, oh Sorgen, ich schlage euch alle,
ob groß oder klein, ihr sitzt in der Falle.
Ich bin furchtlos, und auch mutig dazu.
Du doofe Angst, ich bin stärker als du."

**Niklas winkte dem Elch und traf einen Bären,
der saß auf `ner Matte und streckte sich sehr.**

**Der Bär sah lustig aus in seiner Toga.
„Hey mach doch mit, ich mache heut' Yoga.
Ich möchte vor der Schulaufführung entspannen.
Ich habe zwar Angst, aber ich will sie verbannen."**

Niklas ging zu dem Bären, er schien nett zu sein,
und atmete tief die herrliche Waldluft ein.
Gemeinsam dehnten und reckten sie all ihre Glieder,
sie bogen den Rücken und streckten ihn wieder.

Niklas lernte von den Tieren heute viel dazu.
Nervosität und Angst verflogen im Nu.

Am Abend schwärmte Nick von seinen neuen Freunden,
und deren tollen Tricks, nicht unter Angst zu leiden.

Sein Vater sprach sanft und lächelte ihn an:
„Sorgen hat jeder, doch denke daran:
bevor Stress und Angst dann Überhand nehmen
kann man sich sinnvoll dagegen wehren."

Niklas freute sich, dass Papa ihn so gut verstand.
Er fühlte, dass sie ein großes Vertrauen verband.
Der Urlaub war schön und er spürte neue Kraft.
„Ich bin stärker als die Angst! Ich habe es geschafft!"

Erhalte hier deine zusätzlichen Beruhigungstechniken KOSTENLOS!

Liebe Leserinnen und Leser,
danke, dass ihr mein Buch gekauft habt!
Das hier ist die zweite Geschichte aus der Buchreihe: „Die Welt der Kindergefühle".
Diese Buchreihe soll Kindern dabei helfen, ihre Gefühle und Empfindungen zu verstehen
und auf kindgerechte und spannende Art mit ihnen umzugehen.

Ich habe viele positive Kommentare zu meinem ersten Buch erhalten und ich hoffe,
dass euch das zweite Buch auch gefallen wird! Ich danke vor allem meinen
jungen Leserinnen und Lesern. Eure Rückmeldungen sind mir sehr wichtig
und beflügeln mich immer wieder aufs Neue!

Ich will Niklas' Abenteuer unbedingt fortsetzen! Daher möchte ich gerne von euch wissen,
welchem Gefühl ich mein nächstes Buch widmen soll? Bitte schickt mir gerne
alle Ideen und Vorschläge, die ihr habt.

Ich freue mich sehr darauf, von euch zu hören!
Ihr könnt mir unter elizabethcole.author@gmail.com schreiben.
Ich würde es auch sehr schätzen, wenn ihr mein Buch bewerten würdet.

Alles Liebe,
Elizabeth Cole